Recueil de poèmes : Sommaire

Recueil de poèmes : Sommaire

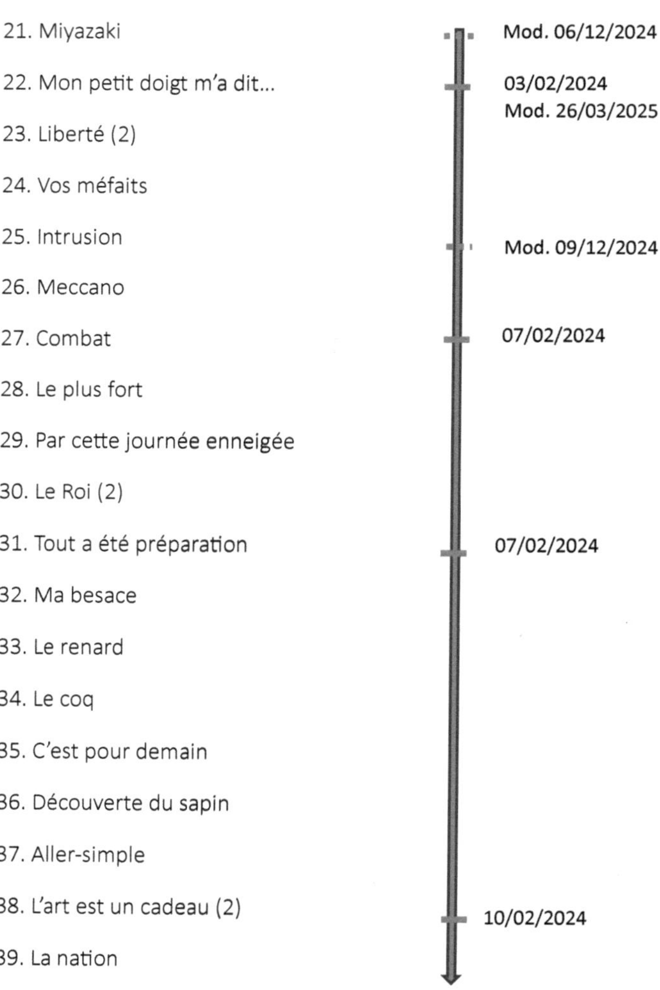

Préface

Le harcèlement en réseau est le thème central de recueil de poèmes.

Cet écrit vise à une prise de conscience et à une réflexion sur la déviance de la société tendant vers le « tout permis ».

Ce recueil de poèmes présenté de manière chronologique a été écrit en parallèle d'événements justifiant la saisie de la justice à l'appui d'éléments factuels et probants pour dénoncer « un harcèlement en réseau ». A leur lecture, vous comprendrez l'état d'esprit oscillant au fil des difficultés, l'engagement d'un combat pour défendre ses droits.

Platon disait « Nul n'est méchant volontairement ». En d'autres termes, le mal a pour cause l'ignorance.

Si l'âme s'élève et s'oriente vers la connaissance, cette dernière serait-elle garante de la vertu ?

Partager la réalité des faits et la dureté des événements supportés ciblait donc un triple objectif.

- Utiliser l'écrit comme un exutoire. (Comme l'écrivait Gustave Flaubert « le papier est là, je me soulage ».)
- Eduquer les éristiques du Far West,
- Protéger les prochaines victimes et éviter le « à qui le tour? ».

Le terme éristique s'entend ici au sens philosophique : « (gr. Eristikos, qui aime la controverse). L'éristique est l'art de la controverse ou de la dispute. Il est également l'art de convaincre par des arguments spécieux ».

Sans revendication théologique, je synthétiserais mon vécu par un « versus ».

« L'orgueil, l'avarice, la gourmandise, l'envie, la luxure, la colère, la paresse » **VERSUS** « la foi, l'espérance, la charité, la justice, la prudence, la force et la tempérance ».

Ce que je traduirais par les questions : « La réussite est-elle un gage de valeur morale ou n'est pas un gage de vertu ? », « excellence ou médiocrité ? », « éloge des vertus ou des péchés ? »

Pour inviter à une réflexion plus profonde sur les conséquences de toute imprudence, j'emprunterais la fable de Socrate :

"Un jour, un homme vint trouver le philosophe Socrate et lui dit:
- Écoute, Socrate, il faut que je te raconte comment ton ami s'est conduit.
- Je t'arrête tout de suite, répondit Socrate. As-tu songé à passer ce que tu as à me dire au travers de trois tamis?

Et comme l'homme le regardait d'un air perplexe, il ajouta:
- Oui, avant de parler, il faut toujours passer ce qu'on a à dire au travers de trois tamis. Voyons un peu! Le premier tamis est celui de la vérité. As-tu vérifié que ce que tu as à me dire est parfaitement exact?
- Non, je l'ai entendu raconter et ...
- Bien! Mais je suppose que tu l'as au moins fait passer au travers du second tamis, qui est celui de la bonté. Ce que tu désires me raconter, est-ce au moins quelque chose de bon?

L'homme hésita, puis répondit:
- Non, ce n'est malheureusement pas quelque chose de bon, au contraire ...
- Hum! dit le philosophe. Voyons tout de même le troisième tamis. Est-il utile de me raconter ce que tu as envie de me dire?
- Utile? Pas exactement ...
- Alors n'en parlons plus! dit Socrate. Si ce que tu as à me dire n'est ni vrai, ni bon, ni utile, je préfère l'ignorer. Et je te conseille même de l'oublier ..."

Bonne lecture

© 2024 Madeleine Victus
Édition : BoD · Books on Demand, 31 avenue Saint-Rémy,
57600 Forbach, bod@bod.fr
Impression : Libri Plureos GmbH, Friedensallee 273, 22763 Hamburg (Allemagne)
ISBN : 978-2-3225-3545-3
Dépôt légal : Avril 2025

Recueil de poèmes : Sommaire

1. Vivre

Naître et grandir
Construire le faux
Ces croyances ne seront plus un fardeau
Enfermée dans une toile toxique

Perdre des êtres chers, c'est dramatique
Avalanche de questions
Trouver des solutions
Taper le profond
Je remonterai de tout mon long

Efforts intenses, combats guerriers
Vivre et réussir, construire de nouveaux chantiers

L'amour est là, les anges nous dévoilent
Ça va aller, mamie est à mes côtés
Je suis moi, droite et déterminée
Lumière du jour,

Arrêt du cycle court
Les rois vont fuir, ils sont complètement cuits
 Place à une nouvelle constellation,
Tout sera négociation !

2. L'équation

 Etrange sentiment que tout va bien,
Pourtant il n'en est rien.
Toute ma vie construite jour après jour,
Mois après mois, année après année ; depuis toujours ;
Est en train de s'effondrer, sans m'en être méfiée.

La vérité ressort, ces personnes ont le cœur mort.
Comme une équation abstraite, le x et le y auront eu tort.
J'attendrai un peu pour revoir le printemps,

Répondre à cette question prendra du temps.

Après la trahison, la vengeance, l'ignorance ou la compassion ?
Rester dans le silence est la meilleure des solutions.
Je réussirai à faire fi de cette équation
 Les choses sont ainsi, leurs choix ont été faits avec précaution.

Ma deuxième vie commence, le passé sera effacé.
Le disque dur sera quant à lui nettoyé ; avant tout la sécurité.
La protection des êtres aimés est un leitmotiv assuré,
Une page se tourne, mon nouveau livre va commencer.

3. L'art est un cadeau

Aimer le beau, le renouveau,
l'art est un cadeau.
Le photographier, l'apprécier, l'admirer
Le plus simple est de le contempler.

Sur ce banc je me suis posée,
« La liberté guidant le peuple » m'a inspirée.
Ce triangle symbolique porte les couleurs de nos valeurs
Marquées au creux de ma main, je les appose sur mon cœur.
Il me faut avancer déterminée pour permettre le changement. Affronter
le mal, le perfide, l'égoïste, le lâche, le jaloux.. posément.
Transformer cet enfer en plage au bord de l'eau assurément.

4. Le Groove

Mes orteils prennent le rythme de cette musique.
Allons bon, laissons le corps s'amuser sur cet air cosmique.
 Il n'y a pas de meilleur remède que le son,
Je n'ai pas le vague à l'âme,
Juste besoin d'un peu de slam.

C'est déchaînée que je pars sur la piste.

Je me laisse envahir par les notes de cette portée altruiste. J'emmène
avec moi l'énergie pour vibrer.

Le groove monte, ça va swinguer !

Say, hey-ho, say ho, say hey-ho..
boooooo ! Split
Gosh, you do it !

Move, swing, groove !
Do it again, you're on fire !!

5. L'amour

L'amour est une réponse, Il repousse les limites.
 Il vous met en danger,
Mais, est-ce vraiment risqué ?
Pendant l'enfance, vous en êtes envahis.

Grâce à lui, vous atteignez des sommets, il vous construit.
Avec lui, tout est simple, il est le socle de votre vie.
Avec le temps, il nous regonfle quand on nous plie.
Quand arrive ce petit ange, on en est remplies
Un sentiment de bonheur vous envahit.
La seule pensée qui chante en vous est l'amour pour la vie.

Ça vous bouleverse, vous réveille.
A partir de cet instant, vous savez qu'il ne sera plus en sommeil.
Vous le protègerez jusqu'au bout
Vous oublierez votre épuisement
Il deviendra le levier pour vous dépasser consciemment.

Vous prendrez ce fameux virage à 180° pour avancer.
Il vous apportera joie, quiétude, sérénité

6. La chute

« Jusqu'ici tout va bien.
Mais l'important, ce n'est pas la chute, c'est l'atterrissage ».

Tomber d'un immeuble de 50 étages n'est pas un mirage.
« L'homme est un loup pour l'homme » disait Hobbes à juste titre.
L'argent a su faire tourner les têtes des pitres.
La compréhension de cette réalité a engagé un combat guerrier.

S'en détourner est une volonté, commençons par l'accepter.
Le ménage, je l'avais déjà initié,
La période Covid m'a permis de me retrouver.
Elle a eu pour bénéfice de commencer à les identifier.

Mon environnement, je l'avais compris, était biaisé.
Les non-dits étaient devenus maîtrisés,
Les doubles sens tout-à-fait ajustés,
Les sous-entendus facilement identifiés,
Me restait plus qu'à continuer de collecter.

7. Opéra

Parapluie tendu, Je m'avance dans la rue.
Réverbères allumés, Mes pas sont éclairés.
 Je me dirige vers une bouche de métro,
Je prends le premier train rétro,
Opéra sera ma destination,
C'est mon lieu de prédilection.

Depuis longtemps,
j'aime y flâner,
Au centre, ce beau monument Garnier.
Au cœur des grands magasins,
Ces allées pour défiler.
A côté, il est possible de se faire une toile,
Ça facilite les retrouvailles.

Rivoli

Parapluie tendu,
Je m'avance dans la rue.
Réverbères allumés,
Il est facile de se diriger.
Droit devant vers ce rêve,
Il n'y a jamais eu de trêve.
Je le cible d'un pas pressé,
Il est temps d'y arriver.

Attirée par le beau,
 Je vais vers cette bouche de métro.
Ornée de quelques joyaux,
On aime s'y retrouver presto.
C'est une amitié dévolue,
Sans aucun malentendu.
Les Hugs peuvent décontenancer,
On n'a pas à les justifier.

8. Pauperes Spiritu

Rester concentrée et être convaincue de l'issue.
L'attente est longue, interminable même.
Travailler avec énergie pour démontrer, Récolter, se préserver, protéger.
Cette société est déconstruite,
Constituée de communautés éristiques.
Leur seule ambition est le « fric ».

C'est en y étant confronté qu'on comprend le sens de cette réalité. Par
la preuve, leur vision égocentrique sera démontrée.
L'objectif philanthropique sera à retrouver.
Persona non grata, ils seront chassés.
Se replier sur l'accomplissement des tâches,
Accompagner son enfant sans relâche.
Conserver une posture digne et droite,

Rester seule sur cette ligne étroite. Prendre le recul et le détachement nécessaires,
Garder cette confiance solaire.
Etre stratège et anticiper les coups,

Quoiqu'il en soit, ils sont pauperes spiritu.
La toile tissée sera déchirée,
Les araignées seront écrasées.

9. L'œil

Plaine sauvage, Sans aucun nuage.
Marcher pour se décharger,
Admirer pour se réveiller.
Œil aiguisé même fatigué,

Il observe les détails nanométrés.
De l'infiniment petit au majestueux,
Il est impressionné par le beau des spacieux.
A l'affût de cette vision, Il analyse les situations.
Son atout est son instinct, Il reste concentré sur son destin.

10. Le grand saut

Il y avait cette évidence,
Ce sentiment immense,
Qu'autre chose se préparait.
S'y engager signifiait, sur sa vie tirer un trait.

Quand le moment fut décidé,
Rien ne pouvait m'arrêter,
Je savais que tout était cadré.

Malheureusement les éristiques n'étaient pas tous identifiés.
Quel ne fut pas mon étonnement,
Quand je découvris mon sang.
Pour moi, ce fut le pire,

La trahison dans ma ligne de mire.

Placés sur le côté, Ils devront y rester.
Je pourrai avancer,
Les vœux de nouvelle année seront exaucés.
On verra si le temps pardonnera,
 Jamais plus, ils n'auront le vrai moi !

11. L'aigle

Je me revois regarder les nuages,
Devinant quel animal montrait son image.
Il y avait cette idée que le ciel écrivait,
Il sous-entendait que ma voie se savait.

J'entendais alors le son des oiseaux.
Volant bien haut,
L'aigle montrait au corbeau,
Sa puissance, son élégance, son beau.

Je souriais avec délectation,
Observant attentivement cette situation.
Je me disais que le cycle est ainsi fait,
La loi du plus fort sur les méfaits.

12. La Tour Eiffel

Il y a ces moments où l'énergie te regagne.
 Tu ne sais pourquoi, tu ne sais comment,
L'envie te submerge soudainement.
Tu établis les actions qui te sortiront du bagne.

Tu montes ces quelques marches,
Tu parviendras au sommet avec ton flash.
Tu regardes le ciel, la Tour Eiffel.
Telle une sculpture Olympienne, on dit qu'elle émerveille.

Elle se dit majestueuse, grande, élancée,
Elle croit percer le ciel avec son pic échafaudé.
Mais elle est figée, immobile, ancrée,
Elle ne peut plus bouger.

Moi, je continue d'apprécier sans détour,
Mon incommensurable amour.
L'art me donne des ailes,
Je m'élance tel un ange dans ce vide soufflant,

Portée par l'envie d'un moment brûlant.
Je regarde émerveillée ce futur tant espéré,
Le spectacle va commencer,
Je ressens dans mon corps ce frisson d'adéquation,
J'attends ce moment de contemplation !

13. L'échappée

Envolée drastique, je m'éclipse.
Je me faufile dans la foule, tout se brouille.
Plus moyen de m'attraper,
Je saurai leur échapper.

Plus question de laisser-faire,
Je leur montre mon savoir-faire.
Ils espèrent nous dominer,
Nous prenons le contre-pied.

Ils pensent pouvoir nous assommer,
Leurs attaques sont parées.
Jamais nous ne les laisserons,
 Ils ont commis le pire dans les environs.

Avancer, remonter, évacuer, transformer,
La marche est haute disait l'autre !
Elle aurait dû éviter d'écouter l'apôtre.

Je le sais, l'avenir sera meilleur,
Je gagne l'énergie du vainqueur !

14. Les éristiques

Il y a quelques temps déjà,
Inspirée par cette étoile,
Je délivrai quelques vœux.
Notre chemin est tout tracé,

Seuls les éristiques n'y prêtent pas attention,
Tournés sur leurs seules ambitions.
Il leur manque quelques discernements,
 Ils arrivent à faire semblant.

Mais toutefois hésitants,
 Ils laissent à l'autre le temps de s'armer tranquillement.
Happés par leur égo concentré,
 Ils agissent trop pressés.

La clairvoyance est donnée à ceux qui semblent condamnés.
Le courage, l'abnégation auront bien évidemment raison.

Ne pas se détourner d'une vision pour entrevoir l'horizon.
Les nuages installés disparaissent,
Le soleil, enfin nous caresse.

15. L'or (*deviendra porte dorée)

Paix retrouvée,
Mouches bernées.
Elles se sont engluées,
Même un jour férié,
Sur la montagne enneigée.

Immensément structurée,
Je déploie mes ailes jusqu'ici recroquevillées.

Ce que je veux, c'est m'envoler.

Tournoyant tel un aigle
 La liberté me donne des ailes.
L'énergie va être retrouvée,
Je suis en train de la convoiter.

Le silence est d'or, la parole est d'argent,
Transformer cette liberté en or est imminent.

16. Le chemin

La colombe me l'a montré,
Le chemin vers le bleu du ciel va être retrouvé.
L'esprit suprême est pensant,
 Le jeu de paume est chancelant.

La banquise s'étiole,
Les ours retrouveront la coupole.
Un bon pilote à la barre,
Les canards sortiront de la marre.

Convaincue que les péchés ne seront pardonnés,
On y est, on y va, tout droit vers le magma.

17. Foi

Enfant, je m'y étais consacrée,
Placée sous ses mains,
Il m'avait baignée.
Je me dévouais en son sein.

En grandissant, je m'en suis éloignée ;
Mon cœur y pensait à la recherche d'un câlin ;
Ma tête était tournée vers les pages de mes dessins.
C'est face aux difficultés,
Quand le banc attendait, isolé,

Que mon cœur s'est regonflé.

Je l'ai senti en mon sein,
Des frissons ont parcouru mon corps entier.
Il était revenu sans me laisser.
Sans lui, j'aurais outrepassé.

 Il m'a ouvert la voie,
J'ai pris le chemin de soie.
Quelques détours ont été nécessaires.
 Il me fallait résoudre le mystère.

Paris et ses chevaux de Troie,
Ont confirmé cette citation que les intelligents côtoient.
Eloignés de moi aujourd'hui,
Je respire enfin, pour une nouvelle vie.

18. Peine

Courir pour se décharger,
Ces éristiques devront payer.
La haine me fait de la peine.
Ne rien lâcher pour une vie plus saine,

Ils auront tout essayé !
L'œil veille,
L'ouïe auditionne l'oreille,
Le toucher est en sommeil,

L'odorat hume les cœurs, ces merveilles.
Je sais les défier,
Je ne veux plus être emprisonnée.

La loi saura les condamner,
On ne peut pas les laisser en liberté.
La compassion ne peut être exigée,
Les choix sont de leur responsabilité.

19. L'heure / Chrono

Rose paillette
Pour une fillette.
Alignés les mains dans le dos,
Plus moyen de faire les beaux.
Trop facile de se désister,
Quand on a trop insisté.
Les choix ont été décidés,
Mon cœur a dû les supporter

Ma tête résignée à se presser,
Des solutions ont été trouvées.
Jamais plus, vous me soumettrez,
La déesse a protégé.

Avec elle, ce petit amour pour l'accompagner.
Le soupire profond a soufflé,
 Les aiguilles se sont arrêtées,
Je vais pouvoir nous libérer.

20.   Le roi [1]

La résistance m'a sauvegardée,
Le général a enfin parlé.
La libération est la solution.
Leur image a mauvaise réputation,

Ils auront d'autres préoccupations.
Il y a eu beaucoup de rumeurs,
Ce n'était bien évidemment qu'un leurre.
A l'appui de la vérité,
J'ai ramé pour y arriver.

Beaucoup d'encre a coulé,
Quelques pages ont résisté,

Les images ont su choquer.
Rien ne pourra me faire oublier,
Ces huit années à le côtoyer.

Il aura su porter en son nom,
Toutes mes réalisations.
Jamais plus, il ne pourra dresser sur sa tête,
La couronne du roi, voire cette crête.
Les trois coups du sceptre ont tonné,
 Le seigneur véritable les a donnés.

Le chemin vers cette porte dorée,
 Il prendra d'un pas pressé.
Accablé par les remords,
Le poids des années lui donne tort.

21. Miyazaki

J'ai faim !
Attends, prends ma main.
 Je veux des tartines !
 Alors, ce sera ma mimine.

Je te propose de te lever, maman est fatiguée.
Allongée sur le canapé, la couverture sur les pieds.
 Toi, le coude appuyé, sur ma jambe repliée.
 Toi et moi, nous regardons la télé.

Mon voisin Totoro et ses amis perchés.
Le grand arbre est déployé,
La maison en est proche dans une contrée.
Nous aimons cet animé à l'histoire imaginée.

Tu n'avais pas d'autre idée.
Ce soir, Miyazaki est invité.
 Avec ses 90 minutes amusées,
Ses personnages bien pensés,

Il expose la vraie fraternité.

Ça fait du bien de le retrouver,
Il a un côté réchauffant,
Notre cœur l'aime intensément,
On le reverra assurément.

22.   Mon petit doigt m'a dit...

Poème du jour, bonjour !
Le poids des mots, le choc des photos.
Mon petit doigt m'a dit que :
Parapluies tendus, à Opéra et Rivoli
C'est loin d'être le paradis.

La partie est terminée.
Je l'avais partagé,
Vous auriez dû vous arrêter.
Sur les pyramides vous continuez à dessiner,
Des hiéroglyphes faciles à déchiffrer.

Cléopâtre pensait se protéger,
Malheureusement mal entourée,
La reine d'Egypte et ses César,
Ont échoué par leurs tromperies.
Mauvaise était leur stratégie,
Ils en paieront le prix.

Vous pensiez, vous imaginiez votre bateau naviguer sur les flots.
 Vous avez choisi la mauvaise direction,
 C'est dommage, vous déteniez la solution.
La charité issue des sept vertus,
Vous rendre la liberté, elle aurait pu !

23. Liberté [2]

Au-dessus des nuages,

Je survole cette cage.
Tellement bon cette liberté,
 Je peux enfin l'apprécier.

Un ange me donne des ailes,
Il m'accompagne près du soleil.
 Je retrouve en moi ce sentiment,
Cette joie, ce sourire d'enfant.

Rien ne sera plus beau qu'au-devant,
La clairvoyance est au présent.
J'irai plus loin, plus haut qu'auparavant.

Je sais que le bonheur est imminent.

24. Vos méfaits

A force de manipulations,
Vous avez réussi à détourner l'attention.
Vous souhaitiez réorienter la cible,
Vous faire passer pour les « invincibles ».

Malheureusement, « il y a erreur sur le bordereau »,
Ce seront les trois fous du chapiteau.
Vous avez souhaité mon deuil,
Je vous ai présenté un écueil.
L'un des objectifs identifiés : Que je rompe la confidentialité.

En juxtaposant tous les faits,
J'ai retracé tous vos méfaits.

Jamais vous ne réussirez,
Votre avenir va être décidé.
Ce sera une volonté partagée.

25. Intrusion

Il y a ces moments improbables,
Ceux-ci nous donnent envie de débrancher le câble.
L'intrusion ne peut être acceptée,
Ce phénomène est démocratisé.

Ils le font en toute impunité.
Ils ont déployé des stratagèmes,
Ils voulaient notamment s'emparer des gemmes.
Les fichiers, ils voulaient se les procurer.

Malheureusement, je sais lire les intentions,
Et vous donner l'illusion de la domination.

Trouver le moyen de s'en débarrasser,
Nous saurons les placer dans une cale dépouillée.
Il est hors de question de payer leur tribu,
Retracer l'histoire dont le sens est dépourvu.
Travailler sans relâche,
Leur avion va tout droit vers le crash.

26. Meccano

Toutes ces couleurs pour ces belles fleurs.
La chaleur se dégage avec ardeur.
Reprenons la main sur le flambeau,
Nous allumerons la mèche de ce meccano.

Avec eux, il n'y a pas de secret.
Ils y ont cru intensément,
La loi les fera avancer disciplinairement.
« Beatis pauperes spiritu » apposé sur l'obélisque.
Malheureusement, ce phallus métaphorique est véridique.

La pensée profonde est féconde,
La douleur a disparu,

La peur n'apparaîtra plus.

Le soleil est au zénith,
Cette nouvelle vie n'est pas mythe.

27. Combat

Comme une lionne, je me suis engagée,
Dans ce combat rudement mené.
Le sujet était délicat,
Il y aura quelques fracas.
La transparence était mon « la ».

Je dis, je fais, sont mes maîtres mots,
Avec patience « do, ré, mi, fa, sol, la, si, do ».
Avec résistance et des neurones pensants.
Tous ces mois, le cœur battant.

Il en aura fallu des agissements,
Pour éviter tous ces tourments.
J'y suis arrivée dans l'isolement,
Un leitmotiv de chaque instant.

Après tout ça, un soulagement,
Je ne demande que le moment présent.
 Besoin de retrouver une vie normale,
Loin de moi, cette période du mal.

Je vous sais près de moi, Merci pour ça !!

28. Le plus fort

Il est là, je le sens.
Je scrute cet arbre droit devant.
Parfois, les oiseaux s'y posent,
Comme s'il était temps de faire une pause.

Longtemps installés sur cette branche,
 Ce sont les amis de cette colombe blanche.
Le signe a été donné,
Le moment de faire virevolter cette vie insensée.

 Je courais toute la journée
 Je voulais la retrouver,
Cette paix intérieure,
Ce sentiment de bonheur.

Concentrée sur cet objectif déjà prisé,
 J'ai compris que j'étais enfermée.
 Je les regardai dans les yeux,
Ces personnes au sourire belliqueux.

Leur posture était commune,
Se donnant du crédit pour faire fortune.
 En sautant harnachée complètement vidée,
Je leur ai donné tort.
 Ils pensaient me voir m'écrouler,
J'ai trouvé l'énergie du plus fort.

Le silence les a identifiés,
 Ils se trouvent enfin piégés.

29. Par cette journée enneigée...

Par cette journée enneigée,
Je vais pouvoir me venger.
Ils m'avaient entourée,
 Il me fallait me dégager.

Leur noirceur a failli prendre mon cœur,
La lumière leur a fait peur.

Ils ont raison d'y prendre garde,
Trop pressés c'est par mégarde

Que le soleil prendra place.
Eux, prendront le chemin de glace.

La vie n'attend pas,
Je vais défendre mes droits,
Le chemin a permis de retrouver la foi.

30. Le roi [2]

Sa belle robe jaune soleil,
Son élégance sans pareil.
 Il avance dans la savane,
D'un pas nonchalant emplis de hargne.

Observé par les puissants,
Il se déjoue des tirs perdants,
Son atout est son instinct,
Il reste concentré sur son destin.

La faim au ventre, il est certain,
Il veut suivre son destin.
Attendu le pied ferme, Il veut réussir à mettre un terme.
Son trophée est son cœur, Il voudrait être le vainqueur.

Mais la nature est ainsi faite,
Notre seigneur a donné l'alerte.

31. Tout a été préparation

Tout a été préparation,
Leur plan a été mis à exécution.
De longues années ont été nécessaires,
J'ai finalement réussi à convaincre mes pairs.

 A chaque instant, j'ai écouté,
Les leçons qui m'ont été données.
L'apprentissage de ces années m'a permis de me développer.

Jamais plus je ne serai ancrée,
Dans ce passé complètement détourné.

C'était écrit assurément,
Il me faut vivre intensément.
Accompagnée par la nature,
Je convoite ce bel air pur.

Ils avaient dû se regrouper,
Tellement leur esprit est étriqué.
Surpris par la résistance,
Ils sortiront de leur jouissance.

Ils se mettront à genoux,
La liberté est enfin debout.

32. Ma besace

Ont-ils enfin compris ?
Ils semblent vouloir effacer les traces.
La justice peut enfin prendre place.
Rester aux aguets d'un compromis,
Je doute qu'il en soit ainsi.

Ces mois me l'ont démontrée,
Leur volonté est sans pitié.
Leurs agissements seront-ils bannis ?
Qui vivra, verra, j'ai ressenti.

Le divin a élevé la voix.
Je ne serai plus leur proie.
Dans ma besace, j'ai ce qu'il faut.
Il ne faut pas un mot de trop.

S'ils résistent, tout le monde saura qui est saint.
La lumière au bout du chemin.

33. Le renard

Je te savais dès le départ,
Tu étais pour moi un renard.
Il me fallait te déjouer,
Sans jamais te le montrer.

Tu aurais dû me féliciter,
Tu as préféré me snober.
 J'ai alors trouvé la parade,
Travailler sans jamais que tu prennes garde.

Tout était calculé,
Tu aurais dû te méfier.
Tes petites manipulations,
Connaîtront une correction.

Les écrits sauront le démontrer,
Ta parole sera oubliée.
Tout est question de méthode,
 En ressortira une ode.

Le moment du grand saut,
En fonction de ton égo.
 Déterminée à te bannir,
Tu as fini par te trahir.

Tes acolytes sont aussi cruels,
Leurs trous seront creusés avec leurs pelles.
 La fin leur sera fatale,
Ils se mettront sans aide dans leur malle

34. Le coq

Que d'actions pour s'en sortir,
Que de remise en question pour bâtir.
Agis me disait le coq,

Cette conversation clôtura une époque.

Chantant bruyamment le cri du porc,
Il a pensé être le plus fort.
La colombe m'a donnée la direction.
Age quod agis fut son ambition.

Sa stratégie était connue : « Divide ut regnes »
La mienne était également su : « Dura lex, sed lex ».

Le coq, cet as de la pirouette,
Connaîtra le sort de la girouette.
Le moulin lui tordra le cou,
Il finira par passer pour un fou.

35. C'est pour demain

Depuis le début, je le savais,
Notre destin est un salut.
Nos anges sont au-dessus,
Entre leurs mains, les clés de la paix.

Quand le fil est déployé,
 Il est triste de constater :
 « Chaque instant envisagé,
Est une réalité ».
Ne pas se poser de question,
Chaque problème a sa solution.

Se concentrer sur le présent.
Admirer les abeilles butinant,
Elles voltigent sur les fleurs du printemps.

Tourné vers demain, Je rêve du dehors.
Le cygne photographié par mes mains,
Me montrait la couleur du plus fort.
Je l'imaginai bien plus loin,

Il me l'a dit, c'est pour demain.
Le banc attend bien sagement,
Les belles âmes s'y installeront posément.
La joie sera de la partie, c'est un choix.
Le regard heureux, on aura,

A la vie, on trinquera,
Le cauchemar se terminera.

36. Découverte du sapin

Le cactus est arrivé sans prévenir,
Rapidement, il m'a fallu agir.
Complètement inconnu,
Jamais je ne l'avais vu.

La veille de noël, cette image se présenta,
Je l'interprétais selon mes actions post-avocat,
 Ce sapin très piquant
Visait à montrer son mordant.
Dans un contexte très compliqué,
J'avais besoin de me lâcher.

Le 17 janvier, je postai le Mont-Blanc,
Je l'associais à cet ange blanc.
Des indices m'ont été donnés,
C'est par lui que tout est arrivé.

Sous ses airs nonchalants,
Il pensait être puissant.
Des signes se présentaient à moi,
Il me fallait suivre ma foi.

Ce sapin aux pratiques consternantes
Fut l'un des éléments déclencheurs assurément.
Hors de question de laisser-faire,

Je ne suis pas une crémière.

Au fil des heures, je comprenais son beurre.
Je collectai les données,
Et continuai de m'informer.
C'est par la communication,
Que j'identifiais la raison.
Des rumeurs avaient été lancées,
Pour poursuivre un business bien installé,
Ils essayaient de me condamner.

37. Aller-simple

Comment vous le dire ?
Vous perdrez le sourire.
Mon attitude et mon action,
Me donneront évidemment raison.

Le sapin étant démasqué,
Le film est complètement déroulé.
Un aller-simple pour la suisse,
Sera l'un de ses supplices.

Vos agissements sont inacceptables,
Les coqs se retrouveront sur la table.
Pauvres d'esprit,
Ils se prennent les pieds dans le tapis.
Aujourd'hui, je comprends enfin,
Pourquoi la colombe m'a montrée le chemin.
Mon enfer va se terminer,

La paix va être retrouvée.

38. L'art est un cadeau [2]

Aimer le beau, le renouveau,
L'art est un cadeau.

Il m'a montré le chemin,
Blanche neige a tendu ses mains.

Les oiseaux s'y sont posés,
Leurs chants ont été écoutés.
La Vénus a parlé, L'ange l'y a aidé.

Tournés vers le futur tant mérité,
On retrouve tous notre liberté.

39. La nation

Un voyage vers cette constellation,
Sera ma prochaine destination.
La fusée est au point de départ,
Il ne s'agit pas d'être en retard.

Tous se sont alignés,
Derrière moi, ils se sont rangés.
Merci à tous pour votre collaboration,
Le maître mot est la nation.

40. Mouches bernées

Paix retrouvée,
Mouches bernées,
Elles se sont engluées,
Même un jour férié.

Sur la montagne enneigée,
Immensément structurée,
Je déploie mes ailes jusqu'ici recroquevillées.
Ce que je veux c'est m'envoler,

La liberté me donne des ailes,
L'énergie va être retrouvée,
Je suis en train de la convoiter.

Le silence est d'or,
la parole est d'argent.

Transformer cette liberté en or est imminent.

41. Les éristiques [2]

Il y a quelques temps déjà,
Inspirée par cette étoile,
Je délivrai ce vœu de choix.
Me détacher des éristiques,
Sans qu'ils y prêtent attention,
Tournés sur leurs seules ambitions.

Il leur manque les valeurs des pensants.
Ils arrivent à faire semblant.
Mais toutefois hésitants,
Ils laissent à l'autre le temps de s'armer tranquillement.

Happés par leur égo concentré,
Ils agissent trop pressés.
La clairvoyance est donnée à ceux qui semblent condamnés.

Le courage, l'abnégation auront bien évidemment raison.
Ne pas se détourner d'une vision
Pour entrevoir l'horizon.
Les nuages installés disparaissent,
Le soleil, enfin, nous caresse.

42. Aucuns remords

J'ai un sentiment étrange,
Comme un calme soudain.
Est-ce un signe du destin ?
Je regarde cette mésange,

Cet autre pigeon tombe de sa branche.

Aurait-il caché quelque chose dans sa manche ?
 Il semble que tout s'apaise,
Mon cœur reprend son rythme de braise.

Je sens un nouveau souffle en moi,
Comme si ma deuxième vie trouvait son toit.
Je n'ai pas de remords,
Mon saut a démontré qu'ils avaient tort.

L'air de rien, j'ai pris les rênes,
Je les tiendrai sans aucune peine

43. Les trois tricheurs

Le silence est d'or a rythmé mes pas.
A première vue, cette strophe est une profession de foi.
Se taire, rompre le lien avec les siens.
La parole retrouvée sera pour demain.

S'en éloigner pour ne pas qu'ils subissent.
Les 3 tricheurs finiront par démontrer qu'ils sont complices.
C'est dans le silence que l'on apprend les bons et les moribonds.
La situation fut une épreuve au talon.

Inconsciemment mes anges m'y ont préparée,
Ils m'ont aidée à apprendre au fil des difficultés.
Rester en pleine conscience, scruter tous les détails,
Intellectualiser les échanges, les gestes pour une médaille.

Ne pas me détourner de mon objectif,
Ils seront contemplatifs.

44. Dura lex, Sed lex

La loi est dure, c'est la loi,
Dura lex, sed lex. apposés sur l'Arc de Triomphe avec foi.
Nous sommes dans un état de droit.

Les généraux entendront la vérité.
Ils auraient dû éviter de m'entourer.
Ils feront comme l'autruche,
La tête dans ce trou bien creusé.

Les dés sont jetés,
La partie est terminée.

45. Sur le fil

Le fil s'est déroulé,
Au cours des mois,
Je les ai désarmés.
Leur quête était préparée,

Dieu m'y a aidée.
Mes anges se sont regroupés,
Ma voie était tracée.
Ma mission, une toile d'araignée.

Leur acharnement a démontré que j'avais raison,
L'argent va couler à foison.
Je sais que je vais gagner,
La bêtise humaine a été démontrée.

46. Les five guys

En 2017, il m'y avait emmenée,
Dans ce restaurant aux hamburgers assaisonnés.
« Five guys » connu d'Obama, président,
Pas très loin du rond-point des puissants.

A côté de ce beau palais,
Où la République est en paix.
Les « five » se sont regroupés,
Sur leur tête, une crête dressée.

Ils pensaient à cette fête des rameaux,
Sur leurs pattes, ils faisaient les beaux.
Ils en ont eu des idées,
Jusqu'à ce film oscarisé.

Ou bien encore cette BD.
L'anatomie a été détaillée,
La constitution complètement oubliée.
Ils ont pensé que « les cœurs de battre » allaient s'arrêter,
Vis comica, le monopole n'est pas détenu par celui qu'on croit.

La vérité et non des mots,
Les misérables ne sont pas des sots.
Courage fuyons, pas vus, pas pris, à l'abri du roi.
Malheureusement, les zippés se sont allumées.

Les coqs ont chanté trop près du moulin,
Les trois coups ont sonné la fin.
La grande roue a gardé son AXE !

47. Point final

Pour retrouver une vie faite de petits et grands bonheurs,
Raviver cette flamme intérieure,
Ouvrir son cœur à l'extérieur,
Caresser la douceur de cette chaleur.
Un chemin s'est dessiné,
Retrouvons une vie zélée.
Encouragées par notre vie d'ailleurs,
Unies dans cette quête du bonheur.
Rions, nous mettrons des pansements.

Saluons cette situation,
Avant nous ne savions.
Incontestablement, vers demain nous nous tournons.
Saisir le sens de ces actions,

Ingénieusement tout est solution.

48. La raison des « pourquoi »

Un éléphant assoupi derrière son ordinateur,
Se demandait comment devenir le vainqueur.
Son style évolua,
 Porter un foulard, il décida.
D'un air présomptueux, il parlait à ses poux.
 Incompétent jusqu'au cou.

Il pensa qu'une mallette,
 Lui permettrait de faire des claquettes.
Ses deux acolytes à l'affût de toute opportunité,
Vinrent au rendez-vous en toute impunité,
L'un tenait un parapluie déjà vu,

L'autre était complètement inconnu.
Arrivés près de l'éléphant,
Ils saisirent le butin à pleines dents.
Ils pensaient se régaler avec quelques festins,

Malheureusement, ils aimaient les dessins.
L'inconnu « pauperes spiritu » identifié sur les ondes,
Avait formalisé cette immoralité immonde.
Pas vu, pas pris, mais deo gratias,
Vox populi, vox dei, il plia.

49. Qu'est-ce-que l'amour ?

L'amour de qui ? L'amour de quoi ?
Que de questions, pour une raison sans potion.
L'amour, c'est ce don de l'autre et à l'autre,

L'amour, c'est ce regard qui comprend,
L'amour, c'est ce silence qui entend,
L'amour, c'est ce cœur ouvert à l'extérieur,

L'amour, ce sont ces personnes dont on veut le bonheur,

L'amour, ce sont ces personnes où tout est vrai,
L'amour, c'est par ce geste, par cette âme qu'on te reconnait.
L'amour, ce sont ces personnes de choix.
L'amour, c'est cette sincérité qui aboie.

L'amour, c'est par ton sourire qu'on te croit.
L'amour, c'est par cette vérité qu'on te choie.
L'amour, c'est en te serrant qu'on te respire,
L'amour, c'est cette voix qui te rassure,
L'amour s'écrit AM. O.U.R.
Love U

50. La liberté guidant le peuple

Derrière cette forêt de bambou,
Je les mets tous à genoux.
Le peuple guidé par la liberté,
Est prêt à se révéler.

Beatis pauperes spiritu,
Comme prévu, était au rendez-vous.
La pensée profonde est une fronde,
La résilience est féconde.

La douleur a disparu,
La peur n'apparaîtra plus.
Le soleil, tout en haut, est majestueux,
Ces personnes au sourire belliqueux,
Avaient cette posture commune,

Se donner crédit pour faire fortune.
En sautant harnachée, complètement vidée,
Ils pensaient me voir m'écrouler,
Le silence a parlé,
Ils se sont tous piégés.

Le signe a été donné,
L'énergie du plus fort a été embrassée.

51. Ma philosophie depuis toujours

Un univers transformé,
Vient de se former.
Les âmes en perdition,
Regretteront la trahison.
« Ecouter la voix de son cœur,
C'est trouver le chemin du bonheur ».
Cet adage me donne la voix du réel,
Il me faut monter sur la selle.
Chacun fait ses choix,
Le bonheur n'attend pas.

Regarder ce nuage passer, ne suffit pas.
Nous sommes à un carrefour,
Ma direction est sans détour.
Aller au plus simple et au plus court,
Droit au but est ma philosophie de toujours.

52. Le temps

Courir après le temps,
Combattre le temps,
Se déjouer du temps,
Le temps, ennemi de l'instant ?
Que nenni, l'ami est en lui.

Le considérer, le valoriser, l'écouter,
Le silence sait le convoiter.
Ensemble, ils sont coquins,
On peut les croire paresseux, Il n'en est rien.
On peut les envisager curieux, Ils font du bien.

Négocier est leur passe-temps,
Ils aiment le moment présent.
La vérité est leur crédo,
Elle sera hurlée tout en haut.

Je ne suis pas maître du temps,
Le coup d'épée sera donné au bon moment.

53. Sur un banc

Aujourd'hui, j'ai décidé de me poser,
Sur un banc, esseulée.
Devant moi, ce grand carrefour,
Chacun s'engage aux alentours.

Nous sommes à Paris Est,
A l'apposé de Brest.
En fermant les yeux,
Je me vois débarquer dans ce pays pluvieux,
 Les embruns me caressent,
Je recherche la paresse.

Loin, très loin de cette atmosphère,
Aux airs complètement délétères,
Réveillée soudain par cette alerte,
Mon regard se pose sur cette mouette.
Son cri est tu, Elle doit avancer avec vertu.

Je suis bien à Vincennes,
Hidalgo vient de se jeter dans la Seine.
Quelques buses tournoient dans le ciel.
Moi, j'attends de voir ce gros pot de miel.

54. Suspens

Quelques mois ont passé depuis cette publication,
Ne pas se détacher de cette vision.

Pierre après pierre, je construis avec ce té.
Tout est droit et bien pensé, Rien n'a été oublié.

Il y aura bien un été,
Mon souhait est d'en profiter.
Mon bébé, je vais le retrouver,
Il se sera bien amusé.

Avec son papa, pour la 1ère moitié,
Avec sa mamou, pendant les jeux fêtés.
Un peu de calme est nécessaire,
Se reposer et rester dans le mystère.

Le suspens est à son comble,
La direction a été donnée par la colombe.
Plus un bruit dans le jardin,
Un seul corbeau apparaît dans un coin.

Ils étaient plus nombreux,
Repartir loin de moi, je le veux.
On est en train de conclure,
On pourra dire Allejuhah après cette censure.

55. Démocratie

Un combat pour un Etat démocratique,
 Il est temps d'appliquer les règles authentiques.
Notre-Dame est reconstruite en beau Té,
La conscience collective a été brillamment orchestrée.

N'oublions pas cette révolution qui a tué,
La liberté conquis par le peuple a aboli la souveraineté.
Tous unis pour un avenir en expansion,
Respectons les trois mots de notre Nation.

Nous sommes aujourd'hui à un carrefour,
Il nous faut déjouer les troubadours,

L'Etat assurera le bien commun,
La constitution est un allié, c'est certain.

L'opacité est à condamner,
La dette est à résorber.
Au cœur des principes économiques,
L'élite du pouvoir doit retrouver une ligne politique

56. L'or blanc

Les hallucinations causées par les opiacés
Ont eu raison des colons accros à cette activité.
Au fil des années, sa production s'est étiolée,
Laissant place à l'or blanc des financiers.

A première vue, on penserait aux carats des joailliers,
Dans le dictionnaire, il est défini comme étant blanc et rapportant de l'argent.
On pense alors à cette richesse,
Celle que les opulents prient en pleine messe.

Auprès de Dieu, les louanges vont à la neige, parfois à l'hydro,
Mais ces privilégiés, se disant disciples catho,
Font illusion en ayant en tête un autre crédo.
Une règle d'or est à respecter,
Shut, on ne doit pas en parler.

La coca ne doit surtout pas être abordée,
Une autre évidence est à leur chuchoter,
« Malheureusement, tout se sait dans cette contrée ».

57. Petit verre de vin (ou arme de guerre)

J'ai ce souvenir où tu t'étais assis face à moi,
La mâchoire serrée,
Pour toi parler est une difficulté.
Faire connaissance, pourquoi pas.

Je peux compter sur les doigts de la main,
Les quelques échanges que tu as provoqués.
Evidemment, je les ai retenus, ils étaient tellement limités.

Tes intentions étaient tellement lisibles,
Tu as réussi à avoir la version d'un « moi » futile.
 Pauperes spiritu,
Tu as toujours été en dessous de tout.

Depuis 2021, tu ne t'es pas arrêté,
Je sais enfin pourquoi tu t'es acharné.
Tu aurais dû éviter de communiquer,
Laisser des traces est une mauvaise idée.

Pensant sérieusement que je ne le savais pas.
Te considérant comme important,
Tu as osé colporter des rumeurs me concernant,

Par le biais des moulins, tu l'as fait sans aucun discernement.
Tu aurais dû traiter un sujet bien plus important,
Ta famille et tes enfants, assurément !

58. Schneider

Au début du siècle avant-dernier,
Deux frères se sont associés.
Ils étaient deux banquiers,
Les Schneider pour ne pas les nommer.

Leur idée : investir leurs deniers.
Ces deux lorrains ont choisi pour secteur,
La métallurgie ou l'industrie avec un besoin d'acquéreurs.
Stratèges et visionnaires,
Leur ambition a été leur moteur.

Ces fondateurs appliquèrent une politique patriarcale,

Ils se développèrent sur le site de la verrerie royale.
Plusieurs générations d'ouvriers purent vivre de leur engagement colossal.
Ces hommes d'affaires au nez fin s'attelèrent à construire un empire monumental.

Leurs innovations furent connues de tous les chefs d'état.
Pendant la 2ème guerre, leurs installations furent réquisitionnées pour gagner le combat.
Les chemins de fer furent utilisés pour acheminer les canons.
La France peut dire merci à ces hommes d'exception.

59. L'œil de l'âme

Ma voie fut mon intuition,
Cette émission politique que je regardai avec délectation,
Était un chaînon manquant à ma compréhension.

Imaginer qu'elle était au cœur de cette situation,
Était pour moi très loin de ma saine vision.
Habituée à tout scruter,
Je m'étais déjà interrogée.

Il y avait le 13ème tome de cette BD,
Où elle était évoquée.
Mais là, il n'y avait plus de doute.
Certains de ses posts sur insta résumaient les chroniques qui cloutent.

Ce fameux mois où je devais retrouver la joie,
Je compris que cette orientation ne serait pas pour cette fois.
Les « NASES », affublés de leurs casques cosmiques,
Démontraient un objectif loin d'être comique.

Heureusement, je fis comme si de rien n'était.
Je continuais de regarder avec intérêt,
Car par sous-entendu, ils exposaient des faits,
Qui de mon point de vue devaient rester top secret.

Si l'on se rapporte au modèle des conséquences,
le temps fut mon allié pour élucider cette équation.
Il me permit d'atténuer les risques de ma prise de décision.

Au fil des mois je compris définitivement le lien,
Le Mont-Blanc dans le brouillard surplombé d'un cœur était pour le sapin.
Il est vraiment consternant,
Très loin d'être intelligent.

Ses publications commerciales,
Sont au cœur d'un sujet crucial.

Aujourd'hui, ma connaissance est mon atout,
Je saurai l'utiliser jusqu'au bout.
Il est temps de retrouver la sérénité,
Il devra se tourner vers d'autres priorités.

Les libertés individuelles doivent être respectées,
Être sanctionnés pour les ouvrages outranciers,
Est un réel objectif fixé.

60. Bien envie d'avoir la paix !

Nuancer une affirmation nouvellement rédigée.
Créateur de cet incubateur,
Portant le nom de la gare des flatteurs.
Tout près de l'art des lumières,

Cette toile tissée pour les avant-premières.
Kenneth s'y était aventuré,
Mary Poppins était à ses côtés.
Ma direction l'avait visitée.
Avec, le tout gratuit, le fil s'est déroulé.

La dernière pierre, l'œil de l'âme,
Le chef d'orchestre du oua-me.
Cet homme qui pensait gravir le néant,
Est féru des futurs géants.

Cette lucarne aux couleurs des agriculteurs,
Ce sosie de Saint-Thomas en était amateur.
Ce suisse nonchalant voulait passer à la télé,
Il y avait ciblé sa dulcinée.

Depuis, une année s'est écoulée.
Aujourd'hui, je sais pourquoi je l'ai mémorisé.
Les arrangements sont infinis,
Il faudra peut-être changer de parapluie.

Le ballon d'or en pleine lucarne,
Va vous causer quelques vacarmes.
Vous auriez dû garder le mystère,
Eviter les agissements des pervers.

Une fin bien méritée va être tonnée.
Cette histoire absconse a été démontrée.
La paix, je vais la retrouver !